Die bibliophilen Taschenbücher

Wolfgang Lauter ENGEL

Wolfgang Lauter

ENGEL

Ein Foto-Essay

Mit einer Erzählung von Paulus Hochgatterer
und Texten von Rose Ausländer, Walter Benjamin,
Rolf Haufs, Sarah Kirsch und anderen

Liebe Christine
Engel sind wunderbar.
Ich wünsche Dir und
Deiner Familie
wunderbare Festtage
Deine Isabelle

Harenberg Edition

Harenberg Edition
Die bibliophilen Taschenbücher 532
4., verbesserte Auflage 1994

Gesamtherstellung Druckerei Hitzegrad, Dortmund
Printed in Germany

Dies ist das Wunder.
Ein Engel ist an dich herangetreten,
daran kann kein Zweifel sein.
Wenn es nicht das Flügelpaar
an seinen Schultern bezeugte,
so verriete es sein ungeheurer,
lächelnder Blick.

KLAUS MANN

Der Engel von San Marco

Ich war im vergangenen Jahr zum dritten Mal in Venedig. Es war diesmal in jeder Hinsicht schöner als bisher, kompletter,... vor dem Wort «vollkommen» habe ich eine gewisse Scheu. Am Freitag ein Nebel, dem nur der kitschige Begriff «samten» einigermaßen gerecht wird: Die Turmspitzen alle in irgendein Weiches gewickelt; vor dem Campanile plötzlich die Befürchtung, er könnte nach Auflösung der Sauce nur noch zur Hälfte vorhanden sein. Vom Samstagmorgen an dann eine Luft von solch einer Durchsichtigkeit, wie sie einzig noch ein Föhntag in den Berner Alpen oder ein erster Mai auf einem Hügel über San Giminiano in der Toskana erreichen. Man möchte eine dieser Porzellanmasken vors Gesicht nehmen, denn es muß doch ein jeder durch einen hindurchsehen können.

In diesem beinahe unangenehmen Gefühl der Transparenz stand ich am Abend auf der Piazza San Marco – ich weiß nicht das wievielte Mal in den vergangenen eineinhalb Tagen –, stand und drehte mich langsam im Kreis. – Was will man auf dem Markusplatz anderes tun, als sich im Kreis zu drehen... und schauen, immer wieder schauen?

...mit einem Schlag wurde mir bewußt, daß ich mich entblößt fühle, ja durch diese Massen von Menschen, durch die Ströme von Blicken in gewissem Sinne abgenagt bis auf die Knochen. – Wohin? – Ich verwerfe das «Florian», dieses Kaffeehaus, das mir allein dadurch völlig unerträglich geworden ist, daß sich dort sämtliche nach Venedig reisenden Österreicher treffen... ich bin also noch mitten im Verwerfen, gleichzeitig bereits im Gehen, stehe schließlich vor dem Eingang der Kathedrale, halte einen Augenblick inne, ergebe mich dann und gehe schließlich das vierte Mal hinein.

Wie bei jedem Eintreten schlug der Markusdom auch diesmal über mir zusammen wie zwei Wellen, die sich über meinem Scheitel treffen. Auch diesmal schritt ich ganz langsam über diesen herrlichsten aller Kirchenböden, den Wunsch in den Fußsohlen, auf der Stelle die Schuhe abzulegen, meine Zehen in diese wunderbaren Unebenheiten der Mosaikfliesen zu vergraben. Auch diesmal suchte ich mit gerecktem Hals die Evangelistensymbole in den falschen Kuppeln, ärgerte mich über meine mangelnde Gelehrsamkeit, freute mich, als ich sie schließlich doch fand... aber all das erklärt nicht, daß ich mich an diesem Abend in der Kirche ganz einfach einschließen ließ.

Wenn ich sage «ganz einfach», so ist das keineswegs übertrieben, denn es war nicht notwendig, mich hinter einen Vorhang zu stellen oder unter einer Bank zu verkriechen. Ich saß in einem der Kirchenstühle am rechten Rand des Hauptschiffes, im hinteren Drittel; es mag sein, daß ich besonders reglos dasaß, mag auch sein, daß der Schatten einer Säule auf mir lag. – Jedenfalls leerte sich mit der Zeit der Dom, um etwa dreiviertel elf ging eine alte, bucklige Frau herum und löschte mit einer Stabdüse bestimmte Kerzen; sie verschwand schließlich, ich hörte noch irgendwoher das Geräusch eines Schlüssels im Schloß, dann wußte ich mich allein.

Vielleicht waren es tatsächlich nur Minuten, die ich so dasaß, vielleicht war es mir diesmal tatsächlich gelungen, an nichts zu denken... ich glaube, es war die Gewißheit, allein zu sein, das absolute Fehlen der Vermutung, es könnte noch jemand anwesend sein, die es mir möglich machte, so gelassen zu bleiben, als ich den ersten Ton hörte.

Alles an ihrem Gesicht war groß, die Augen, die Nase, der Mund, selbst die Ohren, soweit man sie sah auch ein wenig abstehend –, einzig es selbst, das Gesicht, war schmal und zart. Sie gefiel mir von Anfang an. Dies kann ich erst heute mit Sicherheit behaupten, damals war ich vorerst einzig und allein damit beschäftigt, die Fassung zu bewahren. In diesem Augenblick war es wohl eher eine Stimme, die mir sagte: Um Gottes willen, reiß dich zusammen, du hast doch noch nie an Engel geglaubt! ...ich riß mich zusammen und stellte fest: Sie hat einen ganz ordentlichen Ansatz, und ihr Instrument ist von erster Qualität... ich habe selbst jahrelang Flöte gespielt, allerdings irgendwann am Beginn meines Studiums ohne rechten Grund damit aufgehört.

Ich war also aufgestanden und dem Ton, den sie satt und ohne viel Vibrato sicher über eine halbe Minute hielt, nachgegangen. Sie stand vorne, am rechten Fuß der Ikonostase. Sie trug einen weiten schwarzen Pullover, eine wadenlange schwarze Seidenhose und über schwarzen Strümpfen feste schwarze Halbschuhe mit einer goldenen Schnalle an der Seite. Wenn schon, dann ein Todesengel, dachte ich und fuhr damit wohl noch in der Sicherheit traditioneller Bahnen, sah jedoch gleich darauf ihre weißen langfingrigen Hände die Flöte schwebend halten, sah ihre

Oberlippe sich vom Mundstück langsam heben und ihre Augen.

«Hallo», sagte ich, «sprichst du Deutsch?» Sie sah mich an. Ihr Haar war kastanienbraun, halblang. – «Do you speak English?» – Sie schüttelte den Kopf. Es bereitete mir große Lust, sie auf mich reagieren zu sehen. – «Parlez vous Français?» – Hätte ich mehr Sprachen beherrscht, ich hätte sie vermutlich alle durchprobiert, einzig, um von ihr öfter das Kopfschütteln zu kriegen.

Sie sprach sehr rasch etwas auf italienisch. Ich lächelte verlegen und zuckte mit den Schultern. Ihre Stimme war für ihren kleinen Kopf eine Spur zu tief, außerdem etwas kratzig.

Sie hob die Flöte zum Mund und blies einen Ton an, ganz sachte, als könnte unter Umständen etwas zerstört werden. Die Flöte mußte einen Vollsilberkopf haben… Sie schaute mich die ganze Zeit an. Ihre Wimpern waren lang und nicht getuscht. Ich mußte zu Boden blicken und dachte: Wenn das nur niemand hört! – Dabei wußte ich, daß es um elf in Venedig kaum mehr Passanten gibt.

Dies war der einzige Moment der Nacht, in welchem ich Angst hatte, hier entdeckt zu werden, vor der Frage, wie man hier wohl eine Nacht zubringen könne, vor der Schwärze dieses Engels. – Ich kann es nicht mehr recht fassen, muß mir damals die Angst jedenfalls sehr rasch von diesen Tönen wegtragen haben lassen.

In meinem Unterricht hatte «Töne aushalten» geheißen, was sie vollführte: Seinen ganzen Atem in einen Ton legen, ihn an- und wieder abschwellen lassen. – Ein Piano ist nur dann gut, wenn alle Kraft, die man aufwenden kann, in ihm steckt. Du hast ein gutes Piano, wollte ich ihr sagen, versuchte es schließlich wortlos mit einem langsamen Schluß der Fingerspitzen vor meinem Mund. Sie verstand, spielte noch ein besseres Piano. Lächelte… auf keinen Fall ein Todesengel!

Ich wollte auch, ja, ich wollte auch! Antwort geben vielleicht. Oder Fragen stellen…

Als sie das nächste Mal absetzte, hielt ich ihr verlangend meine flachen Hände hin. Sie schaute überrascht, fragend. – Du? Ich nickte ermunternd. Sie trat einen Schritt zurück, offenbar erschrocken, nahm die Flöte an ihre Brust herunter. Ich ließ die Arme entmutigt sinken.

Eine Zeitlang standen wir einander reglos gegenüber. Ihre Augen schienen in dem Licht, das die wenigen brennenden Kerzen gaben, dunkelbraun. Sie riß plötzlich ihr Instrument an den Mund, blies mit äußerst gespitzter Oberlippe einen hohen Ton, ganz kurz. – Beinahe ein Pfiff, eine Warnung, streckte mir darauf die Flöte entgegen.

Am Mundstück klebte ein kleiner Tropfen von ihrem Speichel. Ich spannte und entspannte meine Lippen einige Male rasch hintereinander, um sie warm und weich zu machen. Wie für einen Kuß, mußte ich denken, und legte mir das Mundstück an die Unterlippe, drehte es einige Male hin und her, tastete mit der Oberlippe nach dem Blasloch. Die ganze Zeit über sah ich sie durch meine Wimpern an. Ihre Nasenflügel bebten. Ich mußte mir ihren Mund vorstellen, als ich das erste Mal hineinblies… ganz sachte.

Sie hatte ihre weißen Finger seitlich in ihre Hose verkrallt, stand ein wenig vorgebeugt.

Ich blies eine Intervallreihe; aus der Sext wuchs die Auftrittsarie des Tamino aus der Zauberflöte – «Dies

Bildnis ist bezaubernd schön.» Sie drückte die Fingerspitzen aufeinander und lächelte. –

«Mozart», sagte sie.

Sie spielte das Zauberflötenmotiv zweimal durch, und in mir mischten sich Gedanken mit dem Rieseln, welches auf der Haut meiner Arme lag, seitdem ich beim Übergeben der Flöte gerade erst an sie gestreift war. Ihre Hände waren längst nicht so kalt, wie sie aussahen. – Sie hätte auch ihre Finger nicht so geschmeidig bewegen können.

Sie führte während des Spieles ihren Oberkörper in leichten Wellen hin und her. Der weite Pullover ließ eine zarte Figur bestenfalls ahnen. An ihre Körpergröße kann ich mich nicht erinnern. Sie war in diesem Raum wohl unwesentlich.

Zauberflöte – gemeinsam durch Feuer und Wasser gehen. Die Sentimentalität der Situation erkannte ich damals nur in Augenblicken.

Weitaus spürbarer war die Gier, die mir in Wogen in den Hals stieg: Alles Große an ihr mir in den Mund legen dürfen, zwischen die Lippen nehmen... die Augen, die Nase, ihre Oberlippe, ihre Unterlippe, die Ohrläppchen. – Ich machte einen Schritt auf sie zu. Sie wich zurück, setzte die Flöte nicht ab, wechselte jedoch zu einer sehr kurzen, sehr raschen und stark synkopierten Melodie, die ich nicht kannte. Hüte dich!, mochte sie heißen. Ihre Brauen hatten sich eine Spur gegen die Nasenwurzel zusammengezogen.

Das Spiel besaß einen im wörtlichen Sinn unheimlichen Reiz: An diesem Ort ein sprachloses Werben und Sich-Zieren und Wiederwerben, ein sanfter Tanz der Lippen und Zungen... alles unter der Gefahr, jeden

Augenblick irgendeinen göttlichen Blitz und Donnerschlag aus den Kuppeln herabzulocken.

Zwischendurch fiel mir auf, daß es trotz der Weite und Verlassenheit des Raumes nicht im geringsten hallte. Im Gegenteil – man hörte klar auch jeden am Mundstück abströmenden Luftstoß. Ich spielte weiter Mozart, vielleicht, um ihr noch einmal diesen Namen zu entlocken, spielte eine klagend-lockende Kantilene. Sie sagte nicht «Mozart», blieb auch nicht stehen, als ich abermals einen Schritt auf sie zutrat, zog sich zurück, zitterte an ihrem Oberkörper und zog die Nasenwurzel kraus. – Immerhin, fast ein Lächeln. Ich war wieder an ihre Hand gestreift.

Sie spielte das Adagio aus dem Flötenkonzert von Mercadante, und es geriet mir unter ihrem Anblick zu einem sizilianischen Hochzeitslied, das ich einmal gehört hatte.

Die Mitte ihrer Oberlippe formte bei den tiefen Tönen eine unwiderstehlich süße Spitze.

Ich spielte wieder Mozart.

Sie sagte nicht «Mozart», sondern spielte tiefe Töne mit gespitzter Oberlippe.

Es muß der Moment gewesen sein, in welchem mir ihre über dem Blasloch tänzelnde Zunge als Bild aufstieg, als ich die Spielregeln brach: Ich machte rasch einige Schritte auf sie zu, streckte die Arme aus, um sie an den Schultern zu fassen… ich glaubte erst, sie stehe meinetwegen so erstarrt, da sah ich den Mann.

Der Mann kam direkt auf uns zu, eilig; ein talarähnliches Gewand wehte um ihn. Sein Schweigen, seine Miene… ich erwartete ein Gericht, einige Augenblicke lang. Dann kam mir zu Bewußtsein, daß ich meine rechte Hand noch auf ihrer Schulter liegen hatte, hörte gleichzeitig ihren ersten Ton, nahm ihn wahr wie ein Wunder. Der Mann stutzte, blieb einige Meter vor uns stehen, horchte. Sie spielte Mercadante, noch einmal. Ich hörte noch einmal das sizilianische Hochzeitslied.

Was der Mann, Priester oder bloß Mesner, hörte, weiß ich nicht, aber ich sah, wie sich sein Gesicht entspannte, wie er über unsere Köpfe hinweg in irgendeine Ferne blickte und langsam zu lächeln begann

Sie spielte, spielte, spielte. Er blieb noch eine Zeitlang stehen, wandte sich schließlich um und ging. Sie sah mich an, hatte Schweiß auf der Stirn, lächelte schwach. Jetzt kam ich zu meinem Kuß. Sie sträubte sich nicht.

Wir schliefen in meinem Zimmer in einer kleinen Pension nahe der Stazione Santa Lucia.

Am folgenden Morgen fuhren wir mit dem Vaporetto am Friedhof von San Michele vorbei, vorbei an Murano, der Glasbläserinsel, nach Torcello. Sie hatte ihren Flötenkoffer bei sich, war wieder ganz in Schwarz.

Sie sprach nichts und lächelte mich an, als wir über den ziegelgepflasterten Weg von der Anlegestelle in Richtung Kirche gingen. Ich hatte plötzlich eine große Scheu, sie anzugreifen. Nein, auf keinen Fall ein Todesengel!

Ich setzte mich in den uralten weißen Marmorthron auf dem Kirchenvorplatz und lachte. Sie stand vor mir, lachte zurück, hob die Hand, winkte.

Ich glaube, sie spitzte noch die Oberlippe, bevor sie sich umdrehte und in einem der wenigen Häuser verschwand.

PAULUS HOCHGATTERER

Will dir nach sehen, will dir nach senden,
Mit meinen fünf Fingern 55 Engel.
Gott mit Gesunden heim zu dich sende.
Offen sei dir dies Siegestor,
so auch dir dies Segeltor.
Verschlossen sei dir dies Wogentor,
so auch dir dies Waffentor.

WEINGARTNER HANDSCHRIFT, 12. JH.

Durchgang

Von stählernem Glanz umwittert
taucht Ihr aus den Staubwolken
hinter den Automobilen auf,
man hört Euern Gesang,
der wie hohe Harfentöne im Luftzug zittert.
Ihr lächelt den Fliegern zu,
die sich neben Euch erheben,
Ihr seid da, wenn sie wiederkommen,
und Euer Mund ist irdisch rot
vor ihnen, die sich das Licht und den Schrecken
der Himmel mit beiden Händen
aus dem Antlitz streichen,
irdisch rot Euer Mund und halbgeöffnet,
und Eure Hüften sind gebogen,
damit sie, noch an ihrem Sitze festgebunden,
gleich aufatmend froh
die Früchte der Erde erkennen.
Ihr seid der Schwung hinauf und hinüber,
seid alles, was stärker ist als der Tod.

RENÉ SCHICKELE

Sündern der minderzahl
mindern mit sündermal
blies einst ein flötenfaun
gruß vom prophetenclown

flugs brach gesumme aus
froh durch das stumme haus
bis unter lachgesang
lustig das dach zersprang

purzelten stracks zuhauf
lärmend zur pax hinauf
wo sie (der traun dort ging)
kreidig ihr clown empfing

tanzten ihm wunderbar
minne der zunder war
sprangen und sangen so
sternschnuppe schwangen froh

freut euch ihr leute doch
darum weil heute noch
lümmel und lümmelin
engeln am himmel hin

KURT MARTI

Einst werde ich liegen
im Nirgend
bei einem Engel
irgend.

PAUL KLEE

BORN
BOSTON
U.S.A.

DIE
DIE
DEN
DER
UNWISSENE
ZWEIFELNDEN

DAS
DENEN DIE
DIE
VNRECHT
DIGT HABEN

Geh hinaus und grabe – Engel,
grabe nach Erde,
zerhacke den Asphalt,
grabe nach Erde!!
Springe nicht vom Dach auf die Erde,
ich brauche dich,
springe nicht von der Brücke in den Fluß,
ich brauche dich,
ich brauche nicht das Blut,
das aus deinen aufgeschnittenen Adern fließt,
ich bin ganz und gar vernichtet
ICH WILL EINEN BLAUEN JOINT.

VERA PILLER

Wir sind Engel
mit nur einem Flügel –
um fliegen zu können,
müssen wir uns umarmen.

LUCIANO DE CRESCENZO

Im Drehbuch gab es folgende Episode: Ein Bauer fertigte sich Flügel an, kletterte auf eine Kathedrale, sprang von dort herunter und zerschellte auf dem Boden. Wir «rekonstruierten» diese Episode, indem wir uns den psychologischen Kern vergegenwärtigen: Offensichtlich gab es da einen solchen Menschen, der sein ganzes Leben lang vom Fliegen träumte. Wie konnte sich dies nun in der Wirklichkeit abgespielt haben? Was konnte dieser Mensch sehen und fühlen, als er zum erstenmal in seinem Leben flog? Gar nichts konnte er sehen. Er fiel einfach zu Boden und zerschellte dort. Spüren konnte er bestenfalls seinen unerwarteten und schrecklichen Fall. Das Pathos des Fliegens und dessen Symbolik waren dahin, da der Sinn hier ausgesprochen unvermittelt und hinsichtlich bereits gewohnter Assoziationen primär, elementär ist. Auf der Leinwand durfte also lediglich ein einfacher, verschmutzter Bauer auftauchen. Danach sein Sturz, das Aufschlagen auf dem Erdboden, sein Tod. Das ist ein konkretes Ereignis, eine menschliche Katastrophe, die damals genauso beobachtet wurde, wie man das heute tun würde, wenn sich plötzlich jemand aus irgendeinem Grunde vor ein Auto stürzen würde und dann verletzt auf dem Asphalt liegt.

Lange suchten wir nach einer Möglichkeit, das plastische Symbol aufzuheben, auf dem diese Episode basiert. Dabei kamen wir darauf, daß das Übel gerade in den Flügeln steckt. Um nun vom Ikarus-Komplex dieser Episode wegzukommen, erdachten wir einen Ballon, einen unansehnlichen, der aus Häuten, Fetzen und Stricken gefertigt wurde. Unserer Meinung nach zerstörte er das falsche Pathos dieser Episode und machte aus ihr ein unverwechselbar einprägsames Ereignis.

ANDREJ TARKOWSKIJ

EN
CHEN
N WAS
SKAMPF
ACHTE
SIE

Ich suche allerlanden eine Stadt,
Die einen Engel vor der Pforte hat.
Ich trage seinen großen Flügel
Gebrochen schwer am Schulterblatt
Und in der Stirne seinen Stern als Siegel.

Und wandle immer in die Nacht…
Ich habe Liebe in die Welt gebracht, –
Daß blau zu blühen jedes Herz vermag,
Und hab ein Leben müde mich gewacht,
In Gott gehüllt den dunklen Atemschlag.

O Gott, schließ um mich deinen Mantel fest;
Ich weiß, ich bin im Kugelglas der Rest,
Und wenn der letzte Mensch die Welt vergießt,
Du mich nicht wieder aus der Allmacht läßt
Und sich ein neuer Erdball um mich schließt.

ELSE LASKER-SCHÜLER

CUPIDO (lat., griech. Eros). Der sogenannte Liebesgott. Dieses Bastardprodukt einer barbarischen Phantasie wurde der Mythologie zweifellos für die Sünden ihrer Gottheiten auferlegt. Von allen unschönen und unpassenden Ideen ist die des Cupido die unvernünftigste und anstößigste. Der Einfall, die geschlechtliche Liebe durch ein halb geschlechtsloses Baby zu symbolisieren und die Pein der Leidenschaft mit Pfeilwunden zu vergleichen, diesen drallen Homunkulus in die Kunst einzuführen, um den Geist und die Ausstrahlung eines Werkes grob zu materialisieren – dieser Einfall ist ganz und gar der Zeit wert, die ihn gebar und auf der Türschwelle der Nachwelt aussetzte.

AMBROSE BIERCE

Da ruft einer
und schreit:
Hochherrliche Zeit!

Ich bin blank
und bloß.
Aber mein Engel
ist groß.

Ich bin arm
und bleich.
Aber mein Engel
ist reich.

JESSE THOOR

Der Engel in dir
freut sich über dein
Licht
weint über deine Finsternis

Aus seinen Flügeln rauschen
Liebesworte
Gedichte Liebkosungen

Er bewacht
deinen Weg

Lenk deinen Schritt
engelwärts

ROSE AUSLÄNDER

Er war betroffen. Er wollte nicht. Er biß sich die Lippen. Kein Mensch wußte, wie er an dem Engel hing. Vor den Leuten nannte er ihn seinen «Weißen Elefanten» und verwünschte den Tag, an dem er ihn gekauft hatte. Sechs Jahre nun stand der Engel auf der Veranda, Wind und Wetter hatten ihm zugesetzt, er war verschmutzt. Aber er war aus Carrara in Italien gekommen und hielt eine steinerne Lilie in der Hand. Und die andre Hand hatte er segnend hochgehoben. Und die ganze Gestalt schwebte plump auf dem Zehenballen des einen schwindsüchtigen Fußes. Und das doofe, weiße Gesicht lächelte sanft in einer versteinten Blödigkeit.

Wenn ihn gerade die Wut packte, dann schimpfte Gant oft furchtbar über den Engel: «Du hast mich ins Elend gestürzt, ruiniert hast Du mich, Du bist der Fluch, der auf meinem schwindenden Leben lastet. Und nun willst Du mich erdrücken, entsetzlicher Quälgeist, Du schreckhaftes, Du grausames, Du unnatürliches Ungeheuer!»

Dann wieder, wenn er besoffen war, fiel er vor dem Engel auf die Knie, nannte in Cynthia und flehte ihn um Liebe, um Vergebung, um seinen Segen an. Und Gelächter schallte vom Stadtplatz.

«Wie steht's damit?» fragte Elisabeth. «Wollen Sie ihn nicht verkaufen?» – «Er wird Sie eine schöne Stange Geld kosten», sagte Gant ausweichend. – «Das macht nichts», sagte sie bestimmt. «Ich hab's ja. Wieviel ist's?»

Er schwieg. Er dachte an den Platz, den der Engel einnahm. Es gab nichts, diesen Platz wieder auszufüllen, das wußte er. Wenn dieser Engel ging, würde ein erloschner Krater in seinem Herzen sein.

THOMAS WOLFE

Wenn wir uns ansehn,
Blühn unsere Augen.

Und wie wir staunen
Vor unseren Wundern – nicht?
Und alles wird so süß.

Von Sternen sind wir eingerahmt
Und flüchten aus der Welt.

Ich glaube, wir sind Engel.

ELSE LASKER-SCHÜLER

Engel du schwebend irgendwo hier um uns her
Leidgeprüfter unsichtbarer nimm meine Hand
Die Menschen haben die Fallen vergoldet
Und ich muß ihnen entgehen.
Denn ich fühle der Unsichtbare ist da
Der einzige den ich Prinz nennen kann wenn
Ruhig das Haus
Und verankert im Abendrot
Seltsame Strahlen auszusenden beginnt
Und uns jäh ein Gedanke überfällt
Und dort Macht über uns hat wo wir es nicht erwartet.

ODYSSEAS ELYTIS

Wann die Kinder schlafen ein,
Wachen auf die Sterne,
Und es steigen Engelein
Nieder aus der Ferne,
Halten wohl die ganze Nacht
Bei den frommen Kindern Wacht.
Wann die Kinder schlafen ein,
Wachen auf die Sternelein.

KARL REINECKE

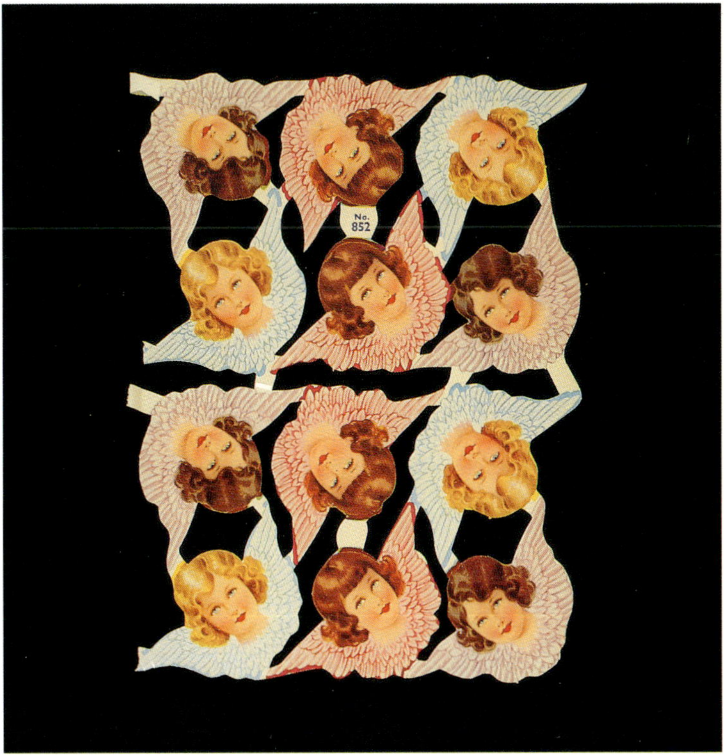
No.
852

Die Zahl der Engel ist nach dem von Thomas aufgestellten Grundsatz: «Je vollkommener die Wesen, in um so größerer Zahl sind sie von Gott erschaffen» überaus groß; doch läßt sich über die genaue Zahl der Engel und über deren Verhältnis zur Zahl der übrigen Geschöpfe und speziell der Menschen weder von der Vernunft noch von der Offenbarung aus etwas Sicheres aussagen.

FERDINAND HOLBÖCK

Man denkt sich unter diesem ursprünglich Boten bedeutenden Namen eine Art höherer, guter Geister, Bewohner des Himmels und nach der Bibel aus Lichtmaterie geschaffen, welche der Gottheit als Abgesandte und Vollstrecker ihres Willens dienen und ihr die Gebete und Anliegen frommer Menschen vortragen, denen sie, sowie ganzen Ländern, zuweilen als Schutzgeister zugesellt werden. Viel gestritten worden ist über den Zeitpunkt ihrer Schöpfung, die manche vor den übrigen Geschöpfen, andere an spätern Schöpfungstagen annahmen; mit Namen genannt werden in der heiligen Schrift nur drei, Michael, Gabriel und Rafael, und die katholische Kirche erkennt auch nur diese an und betrachtet die Anrufung von Engeln unter andern Namen als ketzerisch. Die bildliche Darstellung derselben als geflügelte Knaben und Jünglinge ist spätern Ursprungs und aus der Vorstellung ihres Verkehrs zwischen Himmel und Erde hervorgegangen.

BROCKHAUS 1837

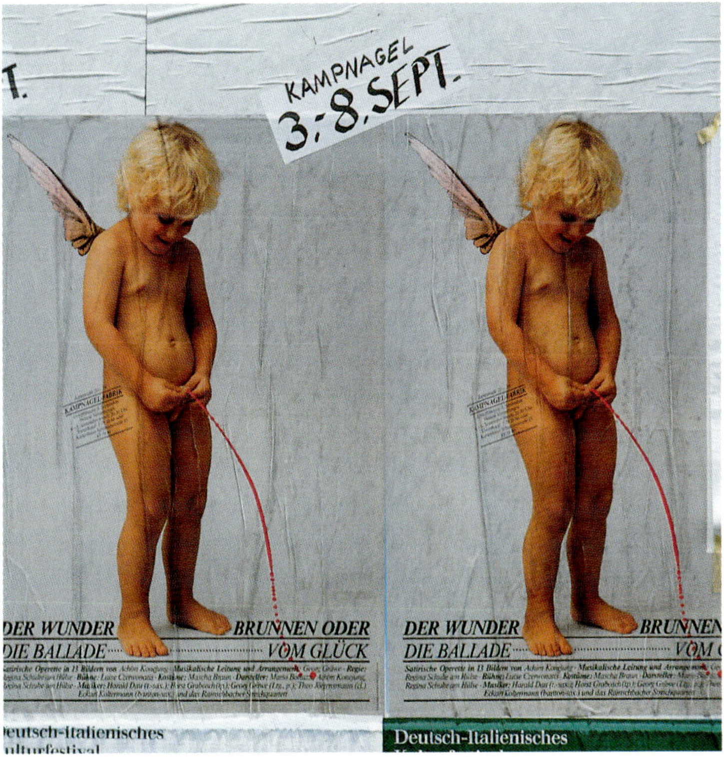
KAMPNAGEL
3.-8. SEPT.
DER WUNDER BRUNNEN ODER
DIE BALLADE VOM GLÜCK
Deutsch-Italienisches

Sagt mir doch nicht es gäbe keine Engel mehr
Wenn Ihr die Liebe gekannt habt
Ihre rosigen Flügelspitzen
Ihre eherne Strenge.
Und es gäbe kein Eden mehr
Keinen Ort wo Löwen und Lämmer weiden
Wenn Ihr irrtet vertrieben
In Tälern schwarzverschlammten
Und lehntet die Stirn an den Sumpfbaum
Und er löste sich auf
Und es sänke zu Boden
Die Krone der Stamm
Und die schneefleckige Rinde.

MARIE LUISE KASCHNITZ

Auch wir haben das System
des Überflusses
vor allen Dingen in Form von
überflüssigen Dingen
welche die notwendigen ablösten
ohne sie zu ersetzen:

die Läden sind übervoll
von Produkten
die keiner braucht indes alles
Benötigte
durch Abwesenheit glänzt

und immer glänzender ist und wird
durch Verlangen danach:

so schweben wir über der Erde
eine Handbreit stets.

GÜNTHER KUNERT

Nun machen sich aber viele Menschen wieder ein anderes Bild vom Jenseitshimmel. Die Engel! Wo kommen denn die her? Die sind doch nicht unsichtbar, die haben goldenes Lockenhaar, haben zwei große Flügel und sind nackend, wenigstens die kleineren, die Amoretten. Die Engel waren aber doch früher auch einmal Menschen, deren Seelen ins Jenseits geflüchtet sind. Dort haben sie Flügel bekommen. Das wird aber nur die weiblichen Wesen betreffen, vom ersten bis 30. Lebensjahr. Ich könnte mir nämlich den oben benannten Herrn Bäckermeister Meier nicht so himmlisch vorstellen, wenn er nackend mit zwei großen Flügeln in den Wolken herumflattert – dann lieber unsichtbar! Die Meinungen gehen also hier sehr auseinander. Nun hat aber dieses angenommene Weiterleben nach dem Tode noch eine andre Seite. Auf Erden lebt der Mensch durchschnittlich 60 bis 70 Jahre. Das Leben ist aber mannigfaltig und bringt durch Arbeit, Freude, Sorgen, Leid usw. Abwechslung in die Bude. Wie ist das nun im Jenseits? Hier besteht keine Altersgrenze, sondern Ewigkeit. Also in Ewigkeit nur im Jenseits umherfliegen und als einzige Beschäftigung, wie uns aus der Bibel bekannt, nur Hosianna singen, das kann die ersten acht Tage ganz unterhaltlich sein, aber, man denke sich das ewig – das muß unbedingt langweilig werden.

KARL VALENTIN

Kaum waren die Lichter abgestürzt
an den Steilhängen des Himmels,
da kamst du herab im Nachen
der Nebelwogen, Aschgrauer.

Um Ketten zu sprengen
und die Erde zu hetzen auf den Wind.

Zornschnaubend, blind.

Um Ketten zu sprengen
und die Meere zu hetzen auf das Feuer.

Schlingernd, irre torkelnd, rollte
die Welt durch das Nichts, verendet.
Die Menschen merkten es nicht.
Nur du und ich, Aschgrauer.

RAFAEL ALBERTI

Wie ihr wißt, sind die Engel unsterblich. Wenn aber Stahl, Eisen, diamantene Pfeilspitzen oder das Flammenschwert ihre vollkommenen Körper durchbohren, so bereitet ihnen das grausamere Schmerzen, als ein Mensch empfinden kann; denn ihr Leib ist viel edler, und wenn ein lebenswichtiges Organ verletzt wird, fallen sie leblos nieder, zersetzen sich allmählich, verwandeln sich in empfindungslose Nebelwolken und treiben über viele Zeitalter formlos im kalten Äther umher. Und wenn sie dann endlich mit der Form ihren Geist wiedererlangen, finden sie nicht die vollständige Erinnerung an ihr vergangenes Leben wieder. Es ist also begreiflich, daß die Engel sich vor dem Leiden fürchten, und die tapfersten unter ihnen werden schwach bei dem Gedanken, das Licht und die süße Erinnerung zu verlieren. Wenn es anders wäre, so würde das Geschlecht der Engel weder die Schönheit des Kampfes noch den Ruhm des Opfers kennen.

ANATOLE FRANCE

Nun da wir uns ließen,
Und unser Jenseits verschmissen,
Und uns verschwuren,
Zu Elend, besessen von Flüchen…
Wer weiß von uns,
Wer von dem endlosen Engel,
Der weh über unsern Nächten,
Zwischen den Fingern der Hände,
Gewichtlos, unerträglich, niederfallend,
Die ungeheuren Tränen weint?!

FRANZ WERFEL

Wie ein Engel ausschauen
ist leichter als einer sein.

SPRICHWORT

Im Schneehemd
fallen flüchtende Engel
aus den Wolken

Wir schwimmen
im Strom
ihrer gebrochenen Flügel
Eisträuen
auf den Wimpern

Der Wind
bläst die Posaune

ROSE AUSLÄNDER

Ich sehe manchmal MENSCHENENGEL, die nur für diese kurze Zeit, da ich sie ansehe, existieren, es ist ihr Auftrag, genaugenommen ihr AUFZUG und AUFTRITT, vielleicht nur dieser einzige, und sie besitzen vermutlich keine weiteren (selbständigen) Existenzen (Glück und Regenbogen).

FRIEDERIKE MAYRÖCKER

Wenn uns ein Engel einmal
aus seiner Philosophie erzählte,
ich glaube, es müßten wohl
manche Sätze so klingen als wie:
2 mal 2 ist 13.

GEORG CHRISTOPH LICHTENBERG

Glück der Engel! Wo geblieben?
Wo geblieben, schöner Tag,
als mit unbesorgtem Lieben
ihre Hand auf meinem Herzen lag?

Oh, sie fühlte jeden Schlag,
und in jedem lauter Lieben!
wo geblieben,
Glück der Engel, schöner Tag?

JOHANN GEORG JACOBI

Die Liebe

Tritt in das Reich der Unbekannten und frage nicht, wir verschwinden mit dem Jahrhundert – das eine Jahrhundert erntet der Mensch, das nächste erntet ihn – der Engel der Zeit siegt mit sechs Flügeln, zwei decken ihren Ursprung, zwei decken ihren Ausgang, und auf zweien rauscht sie dahin – (Zwei Flügel verhüllen die Füße der Seraphim, zwei das Haupt, zwei tragen sie.) Heute heben wir die Flügel auf, die auf ihrem Antlitz liegen!

JEAN PAUL

Im Laufe der Zeit werden Engel immer wieder als körperlos gedacht. In der bildenden Kunst erscheinen sie jedoch als Jünglinge, im Frühchristentum noch ohne Flügel. Unter antikem Einfluß werden sie später mit einem Flügelpaar ausgestattet, in Erinnerung an die geflügelten Viktorien oder Niken, die Siegesgöttinnen oder Siegesbotinnen. Mit den Flügeln sind die Engel für ihre Aufgabe gerüstet.

WILLY ROTZLER

O du mein Gott, o du mein Gott,
Singen Engelein so fein,
Singen aufe, singen abe,
Schlagen Trillerlein drein!

ALTES DEUTSCHES LIED

«Eine Rose ist eine Rose ist eine Rose», schrieb Gertrude Stein und definierte damit unumstößlich, daß ein Gegenstand eben ein Gegenstand ist. Das hätte sie über die Gestalt des Engels nicht tun können. Der Engel hat im Laufe der Zeiten so viele Formen, so viele Wesen und Bedeutungen angenommen, daß man ihn wohl letztlich nicht mehr bestimmen kann. Er hat verschiedene Geschlechter angenommen: In männlicher Gestalt erschaffen, wurde er zu gewissen Zeiten ein Neutrum, dann ein Kind, aber auch androgyn, und im Symbolismus kann er sogar weibliche Züge tragen. Seine Erscheinung wechselte von Jahrhundert zu Jahrhundert, von Künstler zu Künstler. Immer wurde er verehrt, manchmal gefürchtet. Bei Klee «bringt er das Gewünschte», und bei William Turner erscheint er in der Sonne als visionäre Traumgestalt. In der Apokalypse ist er mit einer Wolke bekleidet, obwohl er in weißer Tunika am geläufigsten ist. Immer aber hat er Flügel, die Symbol und Attribut für ihn sind. An ihnen ist er fraglos als Engel auszumachen.

ERIKA BILLETER

ENGEL
ENGEL
APOTHEKE
Apotheke:

Wieviel Engel sitzen können
auf der Spitze einer Nadel –
wolle dem dein Denken gönnen,
Leser sonder Furcht und Tadel!

«Alle!» wirds dein Hirn durchblitzen.
«Denn die Engel sind doch Geister!
Und ein ob auch noch so feister
Geist bedarf schier nichts zum Sitzen.»

Ich hingegen stell den Satz auf:
Keiner! – Denn die nie Erspähten
können einzig nehmen Platz auf
geistlichen Lokalitäten.

CHRISTIAN MORGENSTERN

Mit besseren Augen sähen wir sie überall. Zuhauf auf Dächern und Firsten oder in Regenrinnen gelagert, wartend auf etwas, das nie kommt. Aus jedem Schrank, kaum geöffnet, fallen sie uns schon entgegen, ohne daß wir ihnen mit Schreck oder Betroffenheit begegneten: Höchstens weht ein Hauch, ein unerwarteter Luftzug uns an, ein Duft von Mottenpulver, von Staub. Aus jedem aufgeklappten Buch purzeln sie scharenweise heraus und uns zu Füßen, ihrer papiernen Heimat Vertriebene. Die allem Irdischen noch nicht ganz Entwöhnten umkreisen die Töpfe auf dem Herd, an den Gerüchen, welche einstmals ihre eigene Leiblichkeit zum Erhalt derselben angeregt, sich melancholisch zu ergötzen. Schon wer einen Schlüssel ins Schloß steckt, sollte sich fragen, ob er nicht dadurch einen Engel aus seinem Ruheplätzchen stößt. Wo sie doch so gänzlich wehrlos und nur bei uns sind, weil ihr eigentliches Refugium überfüllt ist. Sie müssen in Telefondrähten hausen, wo sie unsere Gespräche behindern; wo sie mit verstellter Stimme eine Amtsperson nachahmen oder ein Zeitzeichen. Sie verstopfen die Briefkästen, so daß sie nur unvollkommen geleert werden können, um späterhin Unterschlupf in den ledernen Bauchtaschen der Briefträger zu finden und mit jenen, die nur am wachsenden Gewicht merken, etwas ist nicht in Ordnung, die Treppen hinauf- und hinunterzuschwanken.

GÜNTHER KUNERT

Draußen angelangt, bemerkt er in den Lüften eine schwärzliche Gestalt mit verbrannten Flügeln, die mühsam versucht, sich zu den himmlischen Gefilden emporzuschwingen. Beide sehen sich an, während der Engel sich zu lichten Höhen des Guten erhebt, stürzt Maldoror hinab in die schwindelnden Tiefen des Bösen... Welch ein Blick! Alles, was die Menschheit seit 60 Jahrhunderten gedacht hat und was sie in kommenden Jahrhunderten noch denken wird, würde bequem Platz darin finden. Soviel sagten sie sich in diesem letzten Lebewohl! Aber begreiflicherweise waren es höhere Gedanken als solche, die dem menschlichen Verstand entspringen, einmal in Anbetracht der beiden Persönlichkeiten und dann in Anbetracht der Umstände. Dieser Blick verband sie in ewiger Freundschaft. Es erstaunt ihn, daß der Schöpfer über Sendboten von solchem Seelenadel verfügt. Eine Sekunde lang zweifelt er und fragt sich, ob er richtig gehandelt habe, indem er dem Pfad des Bösen folgte. Die Verwirrung geht vorüber; er beharrt bei seinem Entschluß, und es ist ruhmvoll, so denkt er, früher oder später den Allmächtigen zu besiegen, um an seiner Statt über das ganze Weltall und über Heerscharen so schöner Engel zu herrschen. Dieser Engel gibt ihm wortlos zu verstehen, daß er sich allmählich, im Laufe seines Aufstiegs zum Himmel, in seine ursprüngliche Gestalt zurückverwandeln werde, er läßt eine Träne fallen, die die Stirn dessen kühlt, der ihm den Brand gab; und langsam, einem Geier gleich, schwingt er sich empor, bis er in den Wolken verschwindet.

COMTE DE LAUTRÉAMONT

Und Heiligabend, so konnte man lesen,
hat in den Baracken ein Engel geweilt,
er ist bei den armen Schluckern gewesen
und hat Zwanzigmarkscheine ausgeteilt.
Dann sah man ihn noch bei der Bahnhofsmission
und vor dem Herbergstor.
Zur Mette riefen die Glocken schon,
vom Turm herab sang der Chor.

RUDOLF OTTO WIENER

Fröhliche Weihnachten!
und glücklich Neujahr wünscht
Ihnen Ihr dankbare Gevatterin
Marie Neugebauer, Peter, Konrad.

Poesie ist Leben
Prosa ist der Tod
Engelein umschweben
Unser täglich Brot

FRIEDERIKE KEMPNER

Ich sah einen er kam im Taxi der Vordersitz
war flachgelegt so hatte er Platz
man hob ihn heraus vor dem kleinen Fischgeschäft
geleitete ihn in einen geschorenen Garten
da stand er ernst in der Luft überragte
die ihn stützten seine Augen erreichten nichts
die Kleider waren verblaßt Goldreste
überzogen die Brust er war ohne Flügel
seine Führer lehnten ihn an einen Karren
blockierten zuvor die Räder damit er
nicht ins Gleiten käme sich etwa zerschlüge
ich sah seine Hände sie waren leer
hatten wohl vorher den Ölzweig getragen oder
ein Saitenspiel jahrhundertelang
jetzt war er taxiert unterwegs auf Wohnungssuche
erst ins Antiquitätengeschäft was wird aus ihm wer
braucht schon einen Engel der so groß ist
er füllt eine Küche stände
wo besser ein Kühlschrank steht oder der Tisch mit
der Brotschneidemaschine, der Ausweg für ihn
wäre ein Kindergarten wenn der ihn beherbergte
wer wüchse nicht gern mit einem Engel auf

SARAH KIRSCH

Der versteinerte Engel
noch von Erinnerung träufend
von einem früheren Weltall
ohne Zeit
in der Frauenstation wandernd
im Bernsteinlicht
eingeschlossen mit dem Besuch einer Stimme
vorweltlich ohne Apfelbiß
singend im Morgenrot
vor Wahrheit –

Und die anderen kämmen die Haare vor Unglück
und weinen
wenn die Raben draußen
ihre Schwärze entfalten zur Mitternacht.

NELLY SACHS

Sie haben alle müde Münde
und helle Seelen ohne Saum.
Und eine Sehnsucht (wie nach Sünde)
geht ihnen manchmal durch den Traum.

Fast gleichen sie einander alle;
in Gottes Gärten schweigen sie,
wie viele, viele Intervalle
in seiner Macht und Melodie.

Nur wenn sie ihre Flügel breiten,
sind sie die Wecker eines Winds:
als ginge Gott mit seinen weiten
Bildhauerhänden durch die Seiten
im dunklen Buch des Anbeginns.

RAINER MARIA RILKE

Nachts stehn groß zu meinen Häupten
schwarze fremde Cherubim,
Wartend. Zitternd flüstre ich: Seid ihr ausgeschickt von Ihm?
Sie bewegen nur die Flügel, tonlos, wie ein Schatten ächzt.
Und ich kehre mich zur Wand, und es krächzt.
Bin ich, der krächzt?
Und es weht durch meine Stube. Alle Fenster sind verschlossen.
Ja ich merke deinen Atem, Tod, ich habe dich vorgenossen.
Nein! Ich bettle nicht um Gnade, nicht um Aufschub –
bin gerüstet.
Spür schon lang dein Messer, spür es, seit es mich gelüstet,
Über allen Schmerz zu leben, über äußerste Erfahrung.
Denkend, lachend, küssend weiß ich: Ich bin ewig deine
Nahrung.
Ewig schau ich deinen Schatten über meine Welt gebreitet.
Manchmal winkst du. Manchmal rufst du.
Deine Macht ist ausgespreitet.
Ja ich lebe leidenschaftlich gerne!
Würde gerne dreimal, sechsmal leben.
Tod! In deinen Armen schwör' ich:
Mich wird es noch einmal geben!

HERMANN KESTEN

In den letzten 25 Jahren seines lernbeflissenen Lebens wohnte der hervorragende Wissenschaftler und Philosoph Emanuel Swedenborg (1688–1772) in London. Da die Engländer nicht sonderlich redselig sind, gewöhnte er es sich an, täglich mit Dämonen und Engeln Konversation zu pflegen.

Der Herr erlaubte ihm, die jenseitigen Gefilde zu besuchen und mit ihren Bewohnern zu plaudern. Christus hatte gesagt, um das Himmelreich zu erlangen, müßten die Seelen gerecht sein; Swedenborg setzte hinzu, daß sie intelligent sein müßten; Blake sollte später noch künstlerische Betätigung fordern. Swedenborgs Engel sind jene Seelen, die den Himmel erwählt haben. Sie können auf Wörter verzichten; um einen anderen an seiner Seite zu haben, braucht ein Engel nur an diesen zu denken. Zwei Menschen, die einander auf Erden geliebt haben, bilden im Himmel einen einzigen Engel. Ihre Welt wird gelenkt von der Liebe; jeder Engel ist ein Himmel.

JORGE LUIS BORGES

CÆS·NEBII·ARTE·ET·EXE·EXE
PLO·PAVL·ROSSETTVS·ET·FRA
SCALZA·F.
1584

Wie sie aussehen werden die Engel
Vielleicht wie Krähen?
Wie sie uns drüben empfangen
Wenn
Sie uns empfangen?

MARIE LUISE KASCHNITZ

Den Namen weiß ich nicht. Doch du bist einer
Der Engel aus dem himmlischen Quartett,
Das einstmals, als ich kleiner war und reiner,
Allnächtlich Wache hielt an meinem Bett.

Wie du auch heißt – seit vielen Jahren schon
Hältst du die Schwingen über mich gebreitet
Und hast, der Toren guter Schutzpatron,
Durch Wasser und durch Feuer mich geleitet.

Du halfst dem Taugenichts, als er zu spät
Das Einmaleins der Lebensschule lernte.
Und meine Saat, mit Bangen ausgesät,
Ging auf und wurde unverhofft zur Ernte.

Seit langem bin ich tief in deiner Schuld.
Verzeih mir noch die eine – letzte – Bitte:
Erstrecke deine himmlische Geduld
Auch auf mein Kind und lenke seine Schritte.

Er ist mein Sohn. Das heißt: Er ist gefährdet.
Sei um ihn tags, behüte seinen Schlaf.
Und füg es, daß mein liebes schwarzes Schaf
Sich dann und wann ein wenig weiß gebärdet.

Gib du dem kleinen Träumer das Geleit.
Hilf ihm vor Gott und vor der Welt bestehen.
Und bleibt dir dann noch etwas freie Zeit,
Magst du bei mir auch nach dem Rechten sehen.

MASCHA KALEKO

Du hast ein Meer vor dir,
Engel, du mußt
Riesengrüne Arsenale bewachen,
Wo Wellen ihre Gräber haben,
Wo du Muschelgerölle stapelst
Und Galionsfiguren
Mit den aufgebrochenen Kleidern.

In glitzernden Schneebeerenmänteln
Wartet die Küste,
Daß deine Gewitter kommen und ihre
Wolkenketten an die Krater hängen,
Die großen Sterngalgen
Mit dem Lametta
Hängengebliebener Blitze;

Du hast ein Meer vor dir
Das die Gesandtschaft seiner Wellen
An verborgene Golfe verkauft,
Das Musik aus seinen Flutungen wäscht
und Brandungen zu Paraden ordnet.

Dein Meer aber hat
Keinen Platz für dich, Engel,
Deine Kiemen vertrocknen und du wirst
Auswandern müssen hinter
Den grauen Bug der Erde
Mit zusammengefalteten Flügeln,
In denen zornige Schläge hängen.

CHRISTOPH MECKEL

ΑΙΩΝΙΑ ΔΟΞΑ ΣΤΕΦΑΝΩΝΕΙ

«ΕΛΛΗ»

Und im sechsten Monat ward der Engel Gabriel gesandt von Gott in eine Stadt in Galiläa, die heißt Nazareth, zu einer Jungfrau, die vertraut war einem Manne mit Namen Joseph, vom Hause David; und die Jungfrau hieß Maria. Und der Engel kam zu ihr hinein und sprach: Gegrüßet seist du, Hochbegnadete! Der Herr ist mit dir! Sie aber erschrak über seine Rede und dachte bei sich selbst: Welch ein Gruß ist das? Und der Engel sprach zu ihr: Fürchte dich nicht, Maria, du hast Gnade bei Gott gefunden.

LUKAS 1

Thea, laut schluchzend, war völlig fessellos. Du, du, du… gurrte sie. Sie preßte ihn an sich, er bekam es zu spüren, was das für ein starkes Mädchen war, es fehlte ihm wirklich der Atem. Höheren Orts aber erfloß jetzt die letzte diesfällige und endgültig besiegelnde Entscheidung. Denn wenige Augenblicke nachdem sie einander mit den Augen umschlossen hatten und während des ersten Kusses, erschien, grad auf der Mitte des Kaminsimses stehend, der Gott: Zunächst hätte man ihn für eine größere Porzellanfigur halten können, die in der Dämmerung ein wenig leuchtete. Jedoch die Augen funkeln, glühen, jetzt strahlen sie. Er zieht den Pfeil, reckt die rosige, glänzende Hüfte. Der Bogen spannt sich. Das hornissenartige, gefährlich-ernste Singen des Pfeiles aber scheint den Liebenden jetzt wie ein Himmelston, von dem sie in ihrer Verdummung obendrein vermeinen, er käme aus ihnen selbst und höchst persönlich. Das Geschoß schlug Melzern von links schräg rückwärts durch den Thorax und drang unter der Rokitzer beträchtlicher linker Brust tief ein. Sie blieben dicht aneinander und waren gespießt wie die Schmetterlinge, dabei aber in ihren Wunden eine Süßigkeit empfindend, mit welcher verglichen der Ton der Syrinx oder der Geschmack des Honigs als reine Bitternis bezeichnet werden müssen.

HEIMITO VON DODERER

Wenn es so ist wie du sagst, dann ist die Melancholie die Zeit eines Zaubers, einer Verrätselung. Eigentlich aber eine Produktion dessen, der sich ihr überläßt, als eine obskure Macht der Kunst. Er erfindet ja nichts, er findet sich nur vor.

In dieser Leere berühren sich die Flügel der Engel. Minuten werden Jahre und umgekehrt. Nichts ist vorbei, nichts ignoriert sich. Alles wird Oberfläche.

Und die Bilder?

Sind das, was davon übrigbleibt, Reste. Denn Engel haben keine Münder.

JOCHEN GERZ

Manchmal dürfen wir rasten
in den Sonnengevierten
verlassener Mittagshöfe.

Tore wie Engel,
dunkle Flügel
nach innen geschlagen,
Offnes,
durch das wir ein- und ausgehn,
blendendes Licht
und Schattenkühle.

Abend, wenn sie sich wieder schließen,
sind wir Verbannte
oder daheim.

CHRISTINE BUSTA

Engel sind bis zum 19. Jahrhundert sehr distanzierte Wesen. Manchmal weinen sie, wenn sie in der Passion auftauchen. Sentimental werden sie erst, wenn sie als Grabfiguren auf Friedhöfen trauern. Drohend können sie sein, wenn sie in der Apokalypse das Ende der Welt heraufbeschwören. Aber sie verwandeln sich auch in die Gestalt des kindlichen Putto, um den barocken Himmel zu bevölkern, und begrüßen kindlich-unschuldig Philipp Otto Runges «Morgen». Aus der Kunst der Gegenwart freilich ist der Engel verbannt. Der mit Satelliten bevölkerte Himmel; der Mond, der nicht mehr romantisch ist, seit wir wissen, wie es auf ihm aussieht; der Verlust paradiesischer Vorstellungen haben auch dem Engel den Garaus gemacht.

ERIKA BILLETER

BEA
QVI IN DO

Schlängelchen zum Teufel kam,
Ganz still und bescheiden.
Und der Teufel das Schlängelchen nahm
Und es streichelte.
Mochte es gut leiden.

Kam ein Schlängelchen
Zu einem Engelchen,
Neigte sich und wollte wieder scheiden.
Engelchen mochte das Schlängelchen
Gut leiden,
Sagte fromm:
«Komm!»

JOACHIM RINGELNATZ

Engel, wenn Du ihn suchst
er ist Erde
zwischen den Steinen am großen Berg
bereit aufzustehen
wenn Du ihn rufst

Wenn Du ihn rufst
ohne Macht
ohne Herrlichkeit
ruf wie ein Bruder
wenn Du ihn suchst

Germane war er Jude Christ
Erde ist er
für Schlehdorn Fuchsie Ginster
Zwischen den Steinen am großen Berg
wenn Du ihn suchst

Wenn Du ihn findest Engel
mach ihn neu
nicht aus Blut
nicht aus Galle
aus Tränen mach ihn neu
wenn Du ihn findest

VICTOR HERMANNS

Wurzeln und Flügel.
Aber laß die Flügel Wurzeln schlagen
und die Wurzeln fliegen.

Meine Füße, wie tief in der Erde!
Meine Flügel, wie hoch oben im Himmel!
Und welcher Schmerz
in meinem zerrissenen Herzen!

Ja, immer noch lebendiger
– tiefer und mächtiger –
immer noch verzweigter die Wurzeln
und immer gelöster die Flügel!
Die Freiheit, tiefe Wurzeln zu schlagen!
Die Gewißheit der unendlichen Weite des Flugs!

Weiße Wolke,
Flügel, gebrochen – von wem? –,
der nicht ankommen kann – wo? –

JUAN RAMON JIMENEZ

Wie Rauch, der nach dem Erlöschen einer Kerze getragen von der Luftströmung nach oben zieht – so empfand sie sich zur eigenen, großen Verwunderung. Genaugenommen konnte sie sich liegen sehen, zur Hälfte verdeckt von der Karosserie des Unglückswagens, aber das war auf der Straße unten, und die Fäden schienen so gut wie durchschnitten.

Sie schwebte im diesigen Licht, spannenhoch über den letzten Turbulenzen der Auspuffgase, nicht so sehr befreit, als im höchsten Maße neugierig: Das also soll es gewesen sein? Sie schüttelte – versuchte den Kopf zu schütteln, aber da war nichts. Unten sammelte ein Rettungsauto ihre dunkel gekleidete Gestalt ein, hier oben fühlte sie sich eher weiß. Als letzte mögliche Überraschung diese Landschaft für Engel vielleicht? Über den Dächern der Stadt ein Welttheater?

BARBARA FRISCHMUTH

Engel, die Gott zugesehn
Sonn' und Mond und Sterne bauen,
Sprachen: Herr, es ist auch schön,
Mit dem Kind ins Nest zu schauen.

CLEMENS BRENTANO

«In den besten wie in den schlechtesten Augenblicken ist man nicht mehr sich selber, sondern zeigt oder erleidet man ich weiß nicht welches unwahrscheinliche Ich.» (Paul Valéry)

Sprach der Engel und sprach laut. Die Türen
Waren zugestellt nur Flucht durchs
Kellerloch. Oder vom Dach gesprungen
Hoffend auf die weichen Beete Stauden
Herbstlich bunt. In was für Tiefen oder Höhen
Bauch dies aufgeblähte Ungetüm auch trieb
Wär ich allein mit ihnen käme Kampf in
Frage. Doch so werf ich mich ihnen vor die
Flügel und hör sie uneins der
Streit macht Mut ich zähle vier die
Beine Arme mich auf vier verschiedne
Wege zerren. So daß der Kopf in Euphorie
Dies Treiben wach begleitet. Nebeneinander beide
Rennen ob Stunden oder noch Jahrzehnte
Aufs Ende zu. Das das ist ausgemacht
Mir Anfang ist. Der Fünfte will ich sein
Mitmischen ohne daß mir Kopf und Bauch
Ganz auseinanderfallen.

ROLF HAUFS

Felix Bailly
bei seinem Freund Bernard
Christian Rötel

Ich wäre am begierigsten,
die Fehler der Engel zu wissen.

JEAN PAUL

Dann fiel mir wieder die Bescherung ein, die meine Eltern eben rüsteten. Kaum aber hatte ich so schweren Herzens, wie nur die Nähe eines sichern Glücks es macht, mich von dem Fenster abgewandt, so spürte ich eine fremde Gegenwart im Raum. Es war nichts als ein Wind, so daß die Worte, die sich auf meinen Lippen bildeten, wie Falten waren, die ein träges Segel plötzlich vor einer frischen Brise wirft: «Alle Jahre wieder, kommt das Christuskind, auf die Erde nieder, wo wir Menschen sind» – mit diesen Worten hatte sich der Engel, der in ihnen begonnen hatte, sich zu bilden, auch verflüchtigt. Doch nicht mehr lange blieb ich im leeren Zimmer. Man rief mich in das gegenüberliegende, in dem der Baum nun in die Glorie eingegangen war, welche ihn mir entfremdete, bis er, des Untersatzes beraubt, im Schnee verschüttet oder im Regen glänzend, das Fest da endete, wo es ein Leierkasten begonnen hatte.

WALTER BENJAMIN

Er schüttet mich aus:
Das Kind mit dem Bade.

Ich springe nicht gerne:
Wer springt, fällt in Gnade.

Soviel ich auch stemme:
Er zinkt die Gewichte.

Will ich mit der Tante:
Beschützt er die Nichte.

Zerwerfe ich Scheiben:
Er handelt mit Kitt.

Und geh ich verloren:
Mein Finder geht mit.

GÜNTER GRASS

Wir schlafen zusammen mit roten Engeln,
die uns die Wüste ohne Lettern
und ohne süßes, trostloses Erwachen zeigen.
Wir schlafen.
Ein Flügel erschöpft uns, Entweichen,
wir haben ältere Räder als die entflogenen,
verlorenen Federn,
um die Friedhöfe der Trägheit zu erforschen,
das einzige Laster.

PAUL ÉLUARD

Freilich, ein ungläub'ger Thomas,
Glaub ich an den Himmel nicht,
Den die Kirchenlehre Romas
Und Jerusalems verspricht.

Doch die Existenz der Engel,
Die bezweifelte ich nie;
Lichtgeschöpfe sonder Mängel,
Hier auf Erden wandeln sie.

Nur, genäd'ge Frau, die Flügel
Sprech ich jenen Wesen ab;
Engel gibt es ohne Flügel,
Wie ich selbst gesehen hab.

Lieblich mit den weißen Händen,
Lieblich mit dem schönen Blick
Schützen sie den Menschen, wenden
Von ihm ab das Mißgeschick.

Ihre Huld und ihre Gnaden
Trösten jeden, doch zumeist
Ihn, der doppelt qualbeladen,
Ihn, den man den Dichter heißt.

HEINRICH HEINE

Es gehen in der stillen dunklen Nacht
Wohl Engel um, mit Sternenlicht gekrönt,
Auf grünen Matten, bis der Tag erwacht
Und dann die Betglock' hier und da ertönt.

LUDWIG RICHTER

Gestürzte engel

ähneln
den rußflocken
den rechenmaschinen
den mit schwarzem reis
gefüllten täubchen
auch dem rot angestrichenen
hagel
dem blauen feuer
mit der gelben zunge

gestürzte engel
ähneln
herzkranken ameisen
monden die sich unter die
grünen nägel der verstorbenen drängen
engel im paradies
ähneln der innenseite des schenkels
eines unreifen mädchens

sie sind wie sterne
sie leuchten an schamhaften stellen
sie sind rein wie rechtecke und kreise
und haben in der mitte die stille

gestürzte engel
sind wie offene fenster eines leichenhauses
wie kuhaugen wie vogelskelette
wie fallende flugzeuge
wie die fliegen auf den lungen gefallener soldaten
wie die saiten des herbstregens

TADEUSZ RÓZEWICZ

Engel schweben auf und nieder,
Uns in Tönen zu erlaben,
Welch ein himmlischer Gesang!
In den Gruben, in dem Graben
Wäre da dem Kinde bang?
Diese sanften frommen Lieder
Lassen Unglück nicht heran:
Engel schweben hin und wieder,
Und so ist es schon getan.

JOHANN WOLFGANG VON GOETHE

Apotheke

Der Engel fliegt im Himmel
Der Engel ist schön.
Der Engel hat Flügel.
Der Engel ist brav.
Der artige Engel fliegt hoch als der Himmel.
Ist der Engel am Boden.
Der Engel hört gut singen.
Singen kann er es auch.
Der Engel hat es gut.

ALEXANDER

Bonne
Année

Siehe, Engel fühlen durch den Raum
ihre unaufhörlichen Gefühle.
Unsre Weißglut wäre ihre Kühle.
Siehe, Engel glühen durch den Raum.

Während uns, die wirs nicht anders wissen,
eins sich wehrt und eins umsonst geschieht,
schreiten sie, von Zielen hingerissen,
durch ihr ausgebildetes Gebiet.

RAINER MARIA RILKE

Und meine Seele spannte
weit ihre Flügel aus
flog durch die stillen Lande
als flöge sie nach Haus.

JOSEPH VON EICHENDORFF

ABBILDUNGSVERZEICHNIS

QUELLENVERZEICHNIS

Alberti, Rafael: Der aschgraue Engel, in: Über die Engel. Klett-Cotta Verlag, Stuttgart 1981
Alexander: Alexanders poetische Texte. Deutscher Taschenbuch Verlag, München 1977
Ausländer, Rose: Februar, in: Mein Venedig versinkt nicht. S. Fischer Verlag, Frankfurt am Main 1982
Ausländer, Rose: Der Engel in dir, in: Die Sichel mäht die Zeit zu Heu. S. Fischer Verlag, Frankfurt am Main 1985
Benjamin, Walter: Ein Weihnachtsengel, in: Berliner Kindheit um Neunzehnhundert. Suhrkamp Verlag, Frankfurt am Main 1950
Bierce, Ambrose: Cupido, in: Aus dem Wörterbuch des Teufels. Insel Verlag, Frankfurt am Main 1966
Billeter, Erika: Die Gestalt des Engels, in: du, Zeitschrift für Kunst und Kultur, Heft 12/1986. Verlag Conzett und Huber, Zürich 1986
Borges, Jorge Luis: Swedenborgs Engel, in: Gesammelte Werke, Band 8. Einhorn, Sphinx und Salamander. Hanser Verlag, München 1982
Busta, Christine: Gleichnis, in: Unterwegs zu älteren Feuern. Otto Müller Verlag, Salzburg 1978
Crescenzo, Luciano De: Wir sind die Engel, in: Also sprach Bellavista. Diogenes Verlag, Zürich 1987
Doderer, Heimito von: Pfeile des Engels, in: Die Strudelhofstiege. Biederstein Verlag, München 1951
Éluard, Paul: Schweigen des Evangeliums, in: Hauptstadt der Schmerzen. Henschel Verlag, Berlin 1983
Elytis, Odysseas: Engel du, in: Neue Gedichte. Suhrkamp Verlag, Frankfurt am Main 1984

France, Anatole: Aufruhr der Engel. Paul Zsolnay Verlag, Wien und Hamburg 1981
Frischmuth, Barbara: Landschaft für Engel, in: Christine de Grancy (Hrsg.): Landschaft für Engel. Molden Verlag, Wien 1981
Gerz, Jochen: Flügel der Engel, in: Tumult 6. Verlag Büchse der Pandora, Wetzlar 1983
Grass, Günter: Mein Schutzengel, in: Ausgefragt. Luchterhand Verlag, Darmstadt 1967
Haufs, Rolf: Die Worte der Engel, in: Juniabschied. Rowohlt Verlag, Reinbek bei Hamburg 1984
Hermanns, Victor: Engel, in: HAP Grieshaber (Hrsg.): Engel der Geschichte, 4/1965. Manuspresse, Stuttgart 1965
Holböck, Ferdinand: Die Zahl der Engel, in: Thomas von Aquin als Doctor Angelicus und Doctor Angelorum, in: Tumult 6. Verlag Büchse der Pandora, Wetzlar 1983
Jimenez, Juan Ramon: Vier Flügel-Gedichte, in: Falter aus Licht. Limes Verlag, München 1979
Kaschnitz, Marie Luise: Wie sie aussehen werden, in: Tage, Tage, Jahre. Insel Verlag, Frankfurt am Main 1968
Kaschnitz, Marie Luise: Schnee, in: Dein Schweigen – meine Stimme. Claassen Verlag, Hamburg 1962
Kesten, Hermann: Die Cherubim, in: Verse eines Zeitgenossen. Piper Verlag, München 1974
Kirsch, Sarah: Engel, in: Landaufenthalt. Gedichte. Langewiesche Brandt Verlag, Ebenhausen 1969
Kunert, Günther: Sieh da die schwunglosen Engel, in: Unterwegs nach Utopia. Hanser Verlag, München 1977
Kunert, Günther: Engelsscharen, in: Camera obscura. Carl Hanser Verlag, München 1978
Mann, Klaus: Dies ist das Wunder, in: Der Vulkan. Nymphenburger, München 1968
Marti, Kurt: Burleske Verengelung, in: Ausgewählte Gedichte 1959 bis 1980. Luchterhand Verlag, Darmstadt/Neuwied 1982
Mayröcker, Friederike: Menschenengel, in: Über das Glück. Residenz Verlag, Salzburg 1983. © Friederike Mayröcker, Wien
Meckel, Christoph: Ode an den Meerengel, in: Lyrik unserer Zeit. Verlag der Volksbüchereien, Dortmund 1958
Morgenstern, Christian: Scholastikerprobleme, in: Das Morgenstern-Buch. Piper Verlag, München 1985

Piller, Vera: Grabe, Engel, in: Orte Nr. 44, Zürich 1983
Ringelnatz, Joachim: Schlängelchen, in: Ringelnatz in kleiner Auswahl. Henschel Verlag, Berlin 1964
Rósewicz, Tadeusz: Hausübung zum Thema der Engel, in: Offene Gedichte. Hanser Verlag, München 1969
Rotzler, Willy: Engel mit Flügeln, in: du, Zeitschrift für Kunst und Kultur, 12/1986. Verlag Conzett und Huber, Zürich 1986
Sachs, Nelly: Der versteinerte Engel, in: Ausgewählte Gedichte. Suhrkamp Verlag, Frankfurt am Main 1963
Tarkowskij, Andrej: Über das Fliegen, in: Die versiegelte Zeit. Ullstein Verlag, Berlin 1985
Thoor, Jesse: Im Dezember. Verlag Lambert und Schneider, Heidelberg 1956
Valentin, Karl: Im Jenseits, in: Das Valentinbuch. Piper Verlag, München 1984
Werfel, Franz: Endloser Engel, in: Das lyrische Werk. S. Fischer Verlag, Frankfurt am Main 1967
Wiemer, Rudolf Otto: Und Heiligabend, in: Straßengedichte. Heyne Verlag, München 1982
Wolfe, Thomas: Schau heimwärts, Engel. Rowohlt Verlag, Reinbek bei Hamburg 1958.

In der Reihe «Die bibliophilen Taschenbücher» sind folgende Bände des Münchener Fotografen WOLFGANG LAUTER lieferbar:

TÜR UND TOR Band 180

ZÄUNE UND MAUERN Band 399

PASSAGEN Band 432

TREPPEN Band 446

DÄCHER UND GIEBEL Band 454

LADENEINGÄNGE Band 466

BALKONE Band 484

LICHT Band 496

DAS LEBEN DER BÄUME Band 504

MÜNCHEN LEUCHTET Band 555

RUHEPLÄTZE Band 609

STILLE WASSER Band 659